Impressum
Verlag: BABADADA GmbH, Nedderfeld 112 , 22529 Hamburg
Geschäftsführer / Verlagsleitung: Harald Hof
Druck: Books on Demand GmbH, In de Tarpen 42, 22848 Norderstedt

Imprint
Publisher: BABADADA GmbH, Nedderfeld 112 , 22529 Hamburg, Germany
Managing Director / Publishing direction: Harald Hof
Print: Books on Demand GmbH, In de Tarpen 42, 22848 Norderstedt

sekoly
l'école

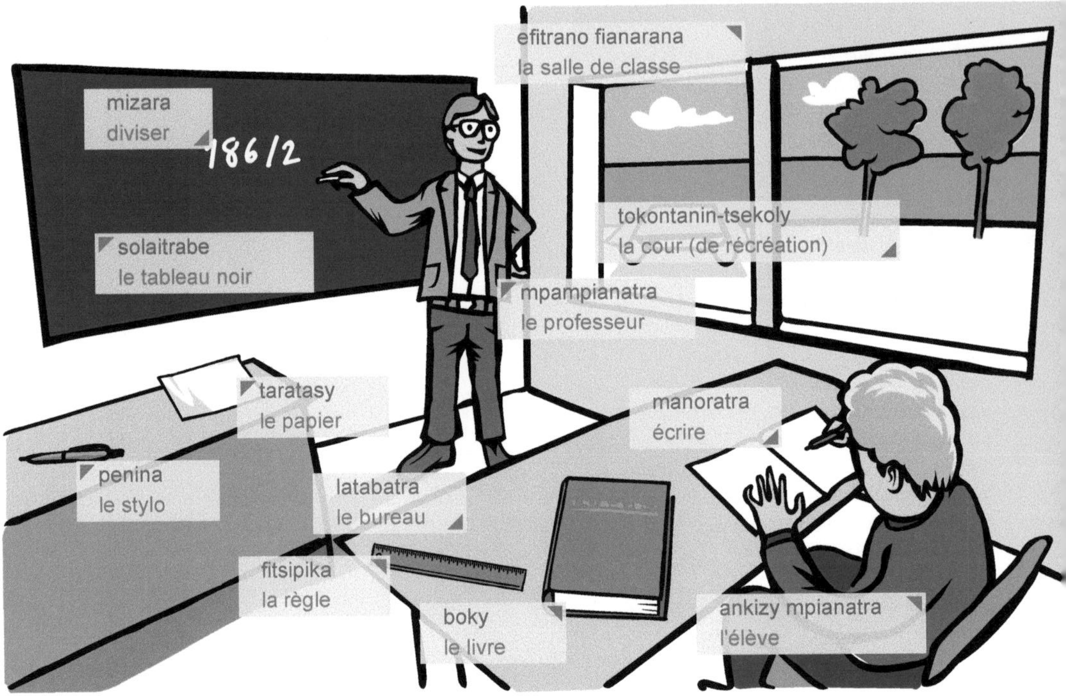
efitrano fianarana
la salle de classe
mizara
diviser
186/2
solaitrabe
le tableau noir
tokontanin-tsekoly
la cour (de récréation)
mpampianatra
le professeur
taratasy
le papier
manoratra
écrire
penina
le stylo
latabatra
le bureau
fitsipika
la règle
boky
le livre
ankizy mpianatra
l'élève

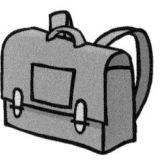

kitapo

le cartable

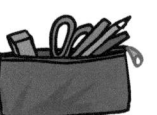

torosy

la trousse

pensilihazo

le crayon

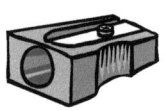

fandrangitana pensilihazo

le taille-crayon

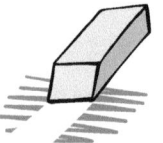

gaoma

la gomme

karne fanaovana sary

le carnet à dessin

sary

le dessin

borosy fandokoana

le pinceau

boaty loko

la boîte de peinture

hety

les ciseaux

lakaoly

la colle

kahie fampiasàna

le cahier d'exercices

enti-mody

les devoirs

tarehi-marika

le chiffre

manampy

additionner

manala

soustraire

mampitombo

multiplier

mikajy

calculer

taratasy

la lettre

abidia

l'alphabet

teny

le mot

lahatsoratra
....
le texte

mamaky
....
lire

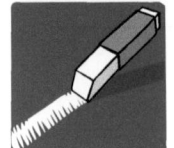

tsaoka
....
la craie

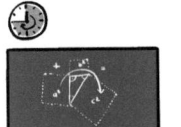

lesona
....
la leçon

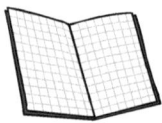

boky fianarana
....
le livre de classe

fanadinana
....
l'examen

sertifikà
....
le certificat

fanamian'ny mpianatra
....
l'uniforme scolaire

fiofanana
....
la formation

raki-pahalalana
....
le lexique

oniversite
....
l'université

mikraoskaopy
....
le microscope

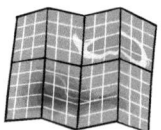

sarintany
....
la carte

fanariana fako taratasy
....
la corbeille à papier

fitsangatsanganana
le voyage

hôtely
l'hôtel
Grand
tranom-bahiny
l'auberge
ROOMS
toerana fanakalozana vola
le bureau de change
CHANGE
valizy
la valise
fiara
la voiture

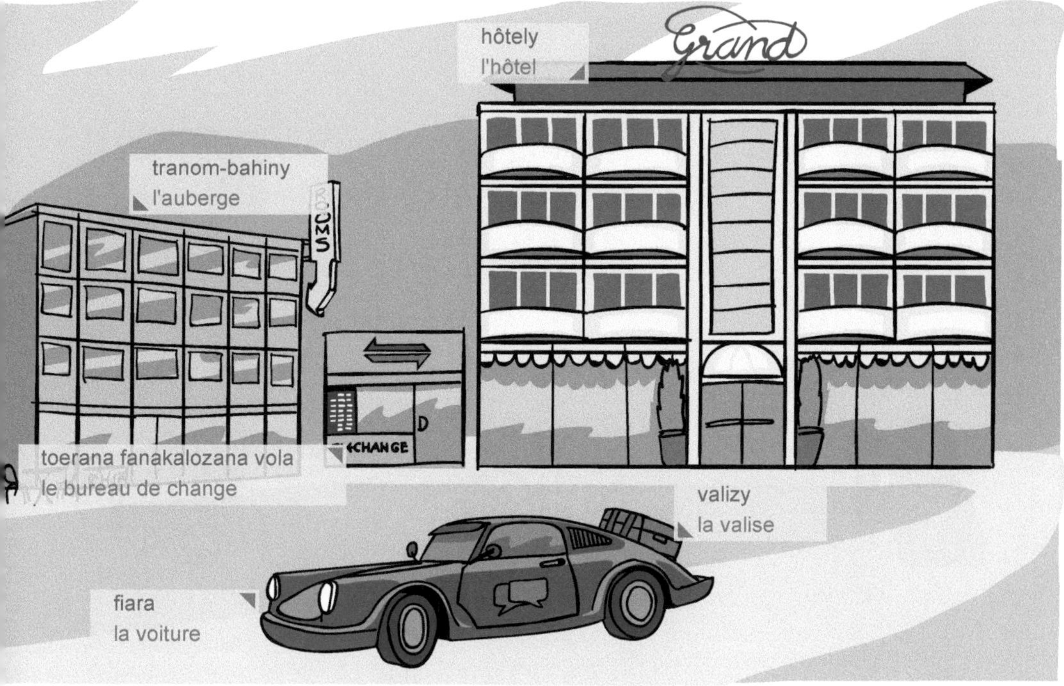

fiteny
la langue

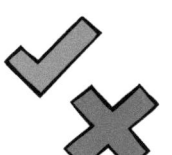

eny / tsia
oui / non

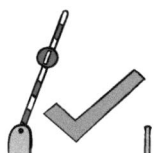

Eny àry
d'accord

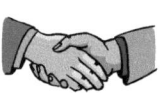

salama
Salut

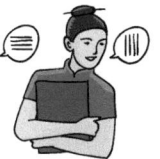

mpandika teny
l'interprète

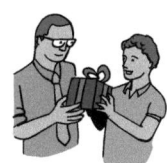

Misaotra
merci

ohatrinona...?

Combien coûte...?

Tsy azoko izany

Je ne comprends pas

olana

le problème

Salama ô!

Bonsoir !

Arahaba tra-maraina e!

Bonjour !

Tsara mandry ô!

Bonne nuit !

veloma

Au revoir

fitantanana

la direction

entan'ny mpandeha

les bagages

harona

le sac

kitapo

le sac-à-dos

vahiny

l'hôte

efitrano

la pièce

fandriana enti-tànana

le sac de couchage

tanty

la tente

birao miandraikitra ny
fizahantany

l'office de tourisme

moron-tsiraka

la plage

fahana amin'ny karatra

la carte de crédit

sakafo maraina

le petit-déjeuner

sakafo atoandro

le déjeuner

sakafo hariva

le dîner

tapakila

le billet

ascenseur

l'ascenseur

hajia

le timbre

tany manasaraka

la frontière

fadin-tseranana

la douane

ambasady

l'ambassade

visa

le visa

pasipaoro

le passeport

fitaterana
le transport

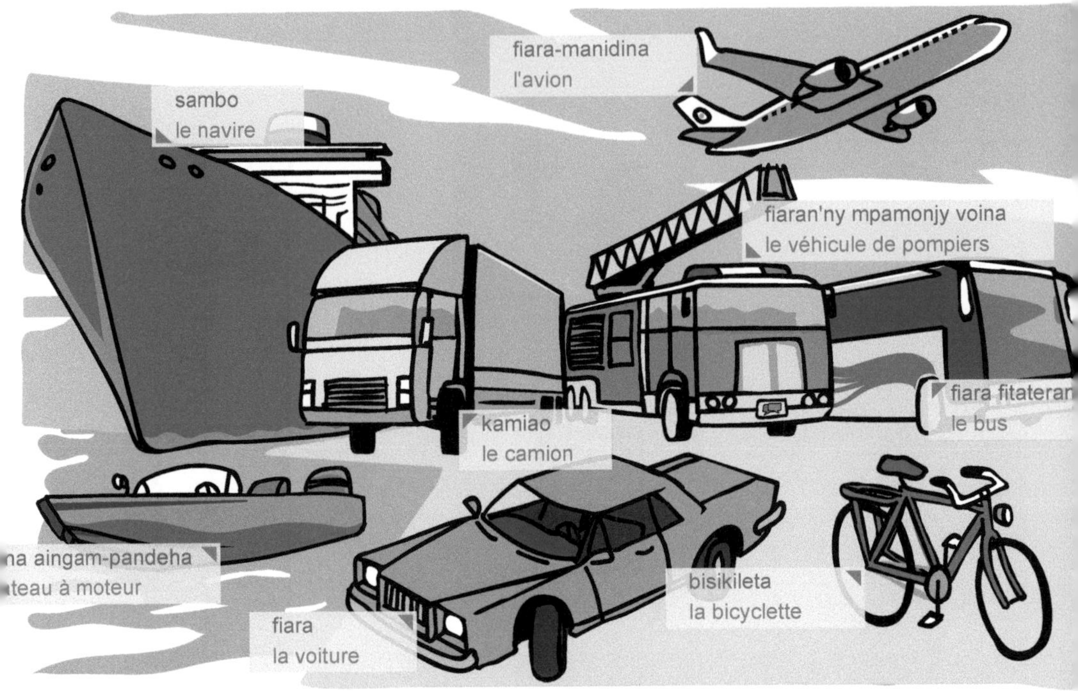

fiara-manidina
l'avion
sambo
le navire
fiaran'ny mpamonjy voina
le véhicule de pompiers
fiara fitateran
le bus
kamiao
le camion
na aingam-pandeha
teau à moteur
bisikileta
la bicyclette
fiara
la voiture

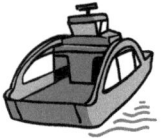

sambobe

le ferry

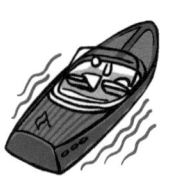

sambo

la barque

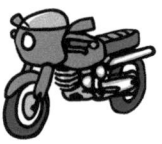

môtô

la moto

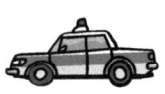

fiaran'ny polisy

la voiture de police

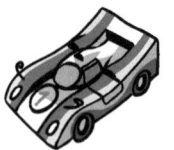

fiara mpihazakazaka

la voiture de course

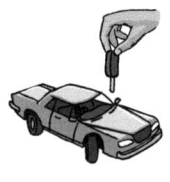

fiara fanofa

la voiture de location

zara fiara

l'auto-partage

fiara etsy babeko

la voiture de remorquage

fiara mpitatitra fako

la benne à ordures

môtera

le moteur

solika

l'essence

tobin-tsolika

la station d'essence

tondro fifamoivoizana

le panneau indicateur

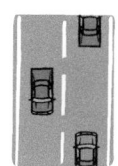

fifamoivoizana

le trafic

fitohanan'ny fifamoivoizana

l'embouteillage

fitobian'ny fiara

le parking

fiantsonan'ny fiaran-
dalamby

la gare

lalamby

les rails

fiaran-dalamby

le train

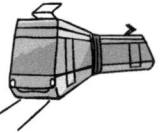

tramway

le tramway

kalesy

le wagon

angidimby

l'hélicoptère

seranam-piaramanidina

l'aéroport

tilikambo

la tour

mpandeha

le passager

kaontenera

le conteneur

baoritra

le carton

chariot

le chariot

harona

la corbeille

miainga / midina

décoller / atterrir

renivohitra

la ville

ambanivohitra

le village

afovoan-tanàna

le centre-ville

trano

la maison

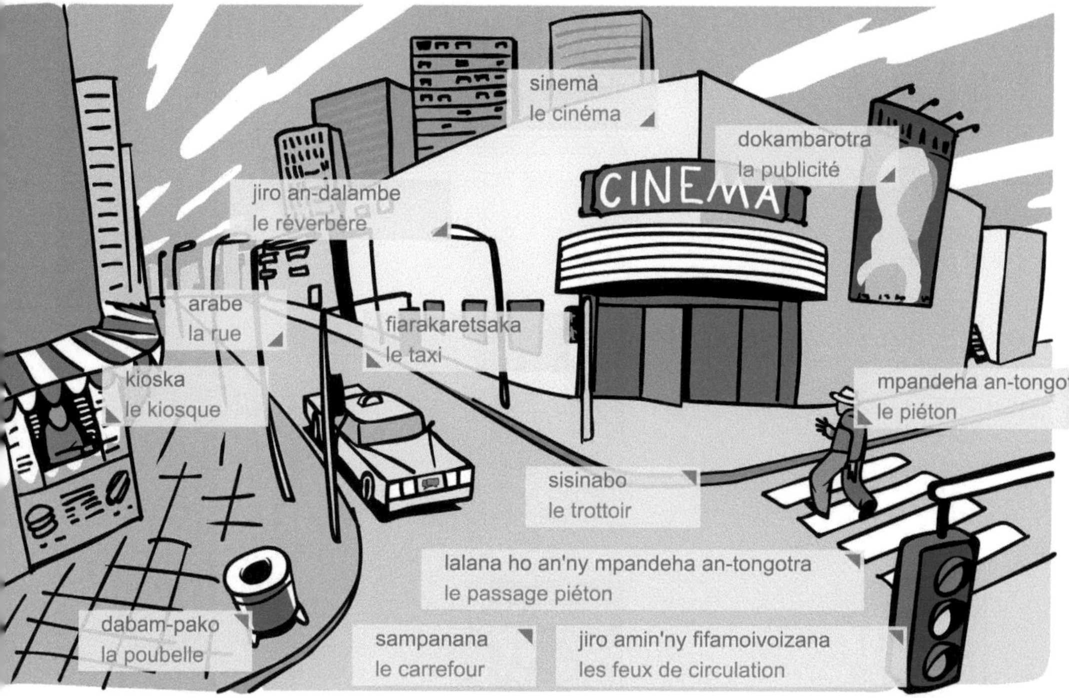

sinemà
le cinéma
CINEMA
dokambarotra
la publicité
jiro an-dalambe
le réverbère
arabe
la rue
fiarakaretsaka
le taxi
kioska
le kiosque
mpandeha an-tongot
le piéton
sisinabo
le trottoir
lalana ho an'ny mpandeha an-tongotra
le passage piéton
dabam-pako
la poubelle
sampanana
le carrefour
jiro amin'ny fifamoivoizana
les feux de circulation

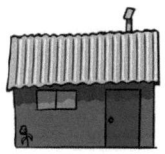

trano bongo

la cabane

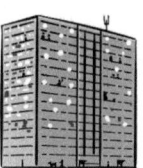

tranobe

l'appartement

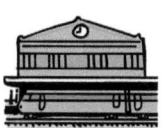

fiantsonan'ny fiaran-dalamby

la gare

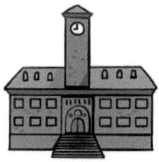

firaisana

la mairie

MUSEUM

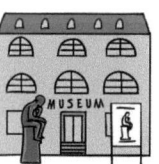

donia

le musée

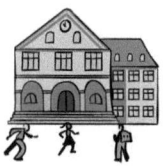

sekoly

l'école

oniversite

l'université

banky

la banque

hopitaly

l'hôpital

hôtely

l'hôtel

farmasia

la pharmacie

birao

le bureau

fivarotam-boky

la librairie

fivarotana

le magasin

mpivarotra voninkazo

le fleuriste

supermarché

le supermarché

tsena

le marché

tranobe fivarotana

le grand magasin

mpivarotra trondro

la poissonnerie

toeram-pivarotana lehibe

le centre commercial

seranana

le port

valan-javaboary

le parc

latabatra

la banque

tetezana

le pont

totohatra

les escaliers

metrô

le métro

tonelina

le tunnel

fiantsonan'ny fiara
mpitondra olona

l'arrêt de bus

bara

le bar

toeram-pisakafoanana

le restaurant

boatin-taratasy paositra

la boîte à lettres

famantarana an-arabe

le panneau indicateur

parcmètre

le parcmètre

valan-javaboary

le zoo

dobo filomanosana

le réverbère

moskea

la mosquée

toeram-pambolena

la ferme

loto

la pollution

fasana

la cimetière

trano fiangonana

l'église

tokontany filalaovana

l'aire de jeux

tempoly

le temple

endritany

le paysage

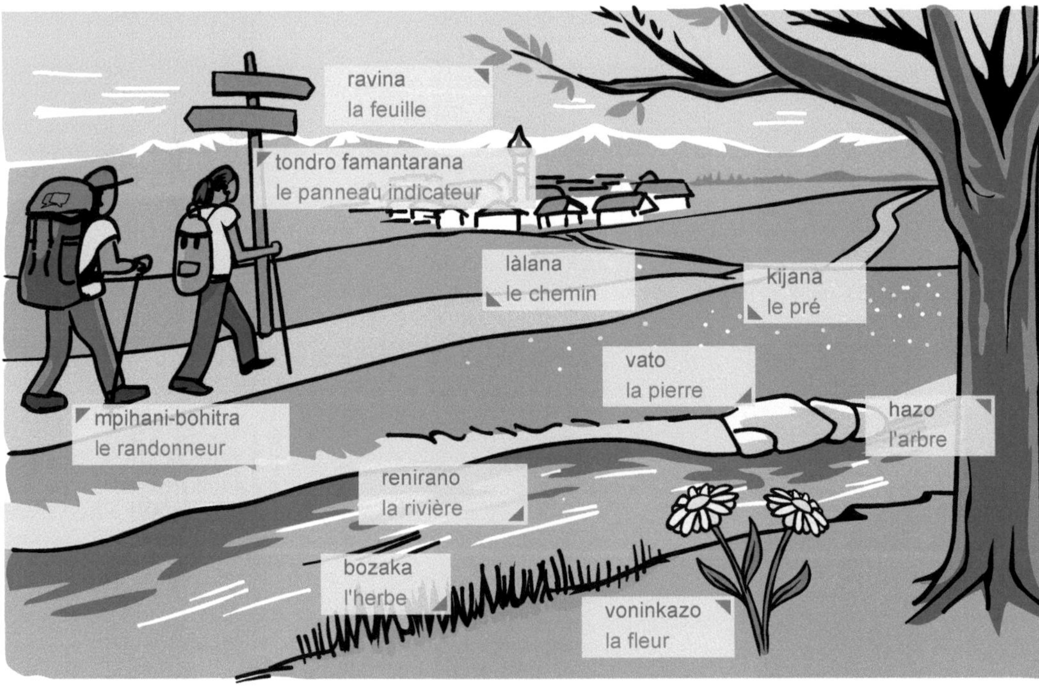

ravina
la feuille

tondro famantarana
le panneau indicateur

làlana
le chemin

kijana
le pré

vato
la pierre

hazo
l'arbre

mpihani-bohitra
le randonneur

renirano
la rivière

bozaka
l'herbe

voninkazo
la fleur

lemaka

la vallée

vohitra

la montagne

laka

le lac

ala

la forêt

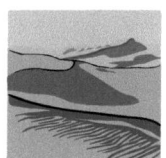

tany hay

le désert

volkano

le volcan

rova

le château

avana

l'arc-en-ciel

holatra

le champignon

hazom-boanio

le palmier

moka

le moustique

lalitra

la mouche

vitsika

les fourmis

tantely

l'abeille

hala

l'araignée

voangory

le coléoptère

sahona

la grenouille

vontsira

l'écureuil

trandraka

le hérisson

bitro

le lièvre

vorondolo

la chouette

vorona

l'oiseau

gisabe

le cygne

lambo

le sanglier

cerf

le cerf

voalavo

l'élan

toha-drano

le barrage

helisy ahodin-drivotra

l'éolienne

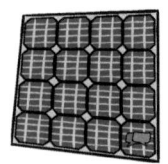

takela-masoandro

le panneau solaire

toetr'andro

le climat

toeram-pisakafoanana

le restaurant

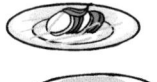

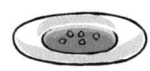

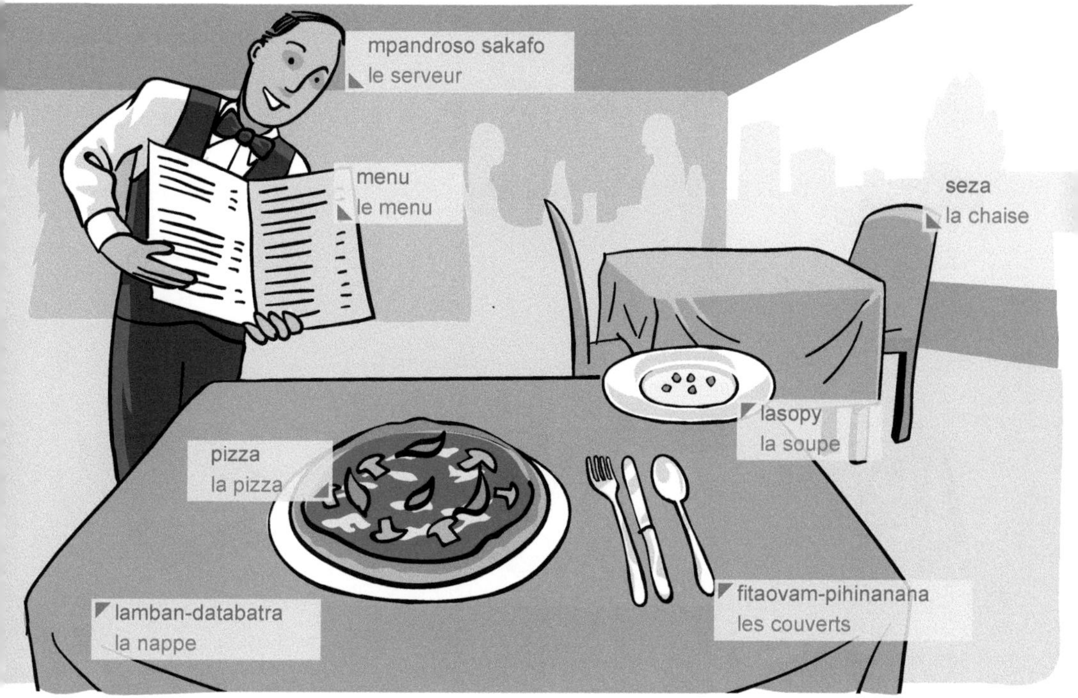
mpandroso sakafo
le serveur
menu
le menu
seza
la chaise
lasopy
la soupe
pizza
la pizza
lamban-databatra
la nappe
fitaovam-pihinanana
les couverts

entrée

les hors d'œuvre

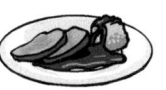

sakafo fototra

le plat principal

desera

le dessert

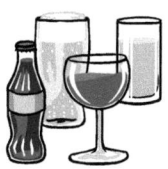

zava-pisotro

les boissons

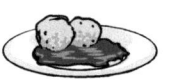

sakafo

l'alimentation

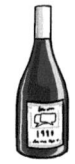

tavoahangy

la bouteille

fast food
....
le fast-food

sakafo an-dalambe
....
les plats à emporter

fitoerana dite
....
la théière

fitoeran-tsiramamy
....
le sucrier

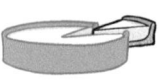

singany
....
la portion

milina espresso
....
la machine à expresso

seza avo
....
la chaise haute

faktiora
....
la facture

lovia fandrosoana sakafo
....
le plateau

antsy
....
le couteau

sotrorovitra
....
la fourchette

sotro
....
la cuillère

sotrokely
....
la cuillère à thé

servieta
....
la serviette

vera
....
le verre

vilia

l'assiette

vilian-dasopy

l'assiette à soupe

vilia bory

la soucoupe

saosy

la sauce

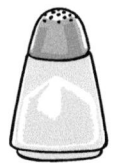

fitoeran-tsira

la salière

milina dipoavatra

le moulin à poivre

vinaingitra

le vinaigre

solika

l'huile

zava-manitra

les épices

ketchup

le ketchup

voan-tsinapy

la moutarde

maionezy

la mayonnaise

supermarché
le supermarché

fihenam-bidy
l'offre promotionnelle
FOR
mpividy
le client
sakafo avy amin'ny ronono
les produits laitiers
voankazo
les fruits
chariot
le chariot

BUTCHERS

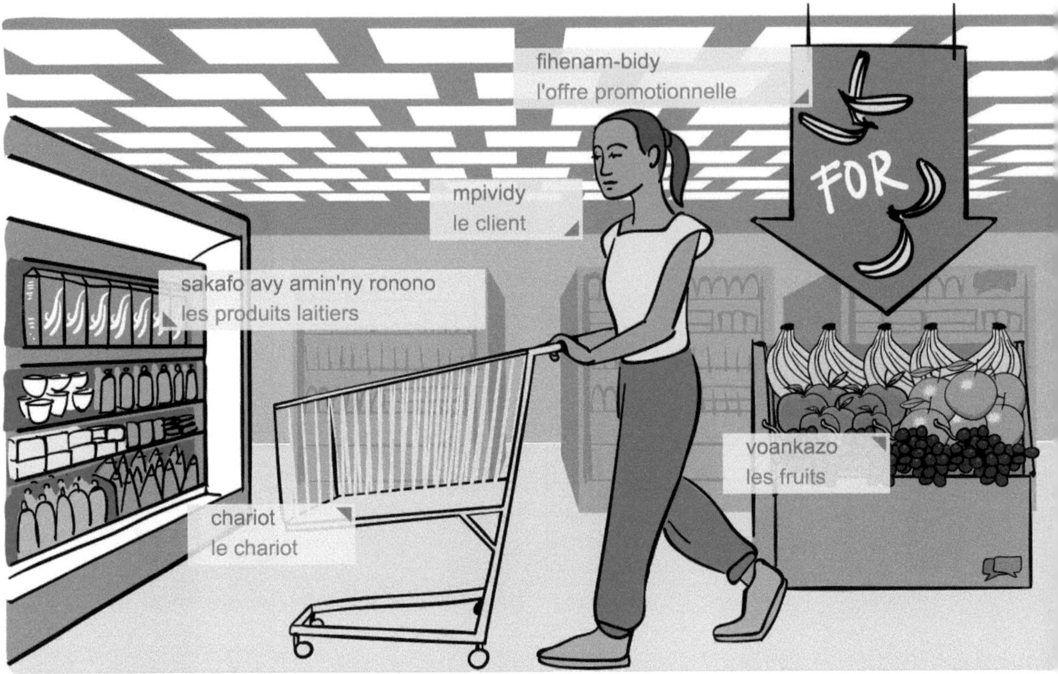

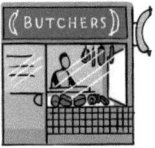

mpivaro-kena

la boucherie

BAKERY

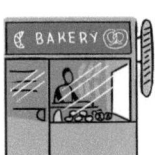

mpivarotra mofo

la boulangerie

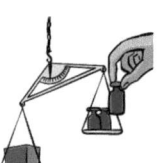

mandanja

peser

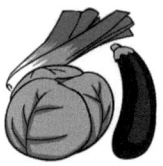

legioma

les légumes

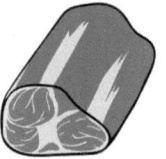

hena

la viande

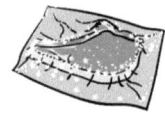

sakafo nampangatsiahana

les aliments surgelés

hena voahendy

la charcuterie

sakafo am-by fotsy

les conserves

vovon-tsavony

la poudre à lessive

vatomamy

les bonbons

fitaovana an-tokatrano

les articles ménagers

fitaovana fanadiovana

les détergents

mpivarotra

la vendeuse

toerana fandoavam-bola

la caisse

mpandray vola

le caissier

lisitry ny zavatra vidiana

la liste d'achats

ora fiasana

les heures d'ouverture

portefeuille

le portefeuille

fahana amin'ny karatra

la carte de crédit

harona

le sac

harona plastika

le sac en plastique

rano

l'eau

ranom-boankazo

le jus de fruit

ronono

le lait

coca

le coca

divay

le vin

labiera

la bière

toaka

l'alcool

sôkôlà mafana

le chocolat chaud

dite

le thé

kafe

le café

espresso

l'expresso

cappuccino

le cappuccino

akondro

la banane

paoma

la pomme

laoranjy

l'orange

voatango

le melon

voasarimakirana

le citron.

karaoty

la carotte

tongolo gasy

l'ail

volobe

le bambou

tongolo

l'oignon

holatra

le champignon

voamaina

les noisettes

paty

les pâtes

spaghetti

les spaghetti

vary

le riz

salady

la salade

ovy frity

les pommes frites

ovy voaendy

les pommes de terre rôties

pizza

la pizza

hamburger

le hamburger

sandwich

le sandwich

didin-kena

l'escalope

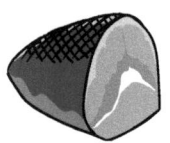

lambo sira

le jambon

salami

le salami

saosisy

la saucisse

akoho

le poulet

hena mendy

le rôti

trondro

le poisson

varin-tsoavaly

les flocons d'avoine

muesli

le muesli

cornflakes

les cornflakes

lafarinina

la farine

croissant

le croissant

mofodipaina kely

les petits-pains

mofo

le pain

mofo natono

le pain grillé

bisky

les biscuits

dobera

le beurre

fromazy fotsy

le fromage blanc

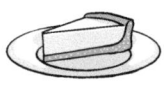

mofomamy

le gâteau

atody

l'œuf

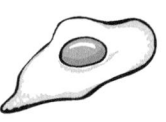

atody nendasina

l'œuf au plat

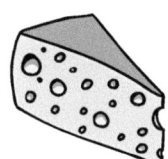

fromazy

le fromage

lagilasy

la glace

siramamy

le sucre

tantely

le miel

kaonfitira

la confiture

crème nougat

la crème nougat

curry

le curry

toeram-pambolena
la ferme

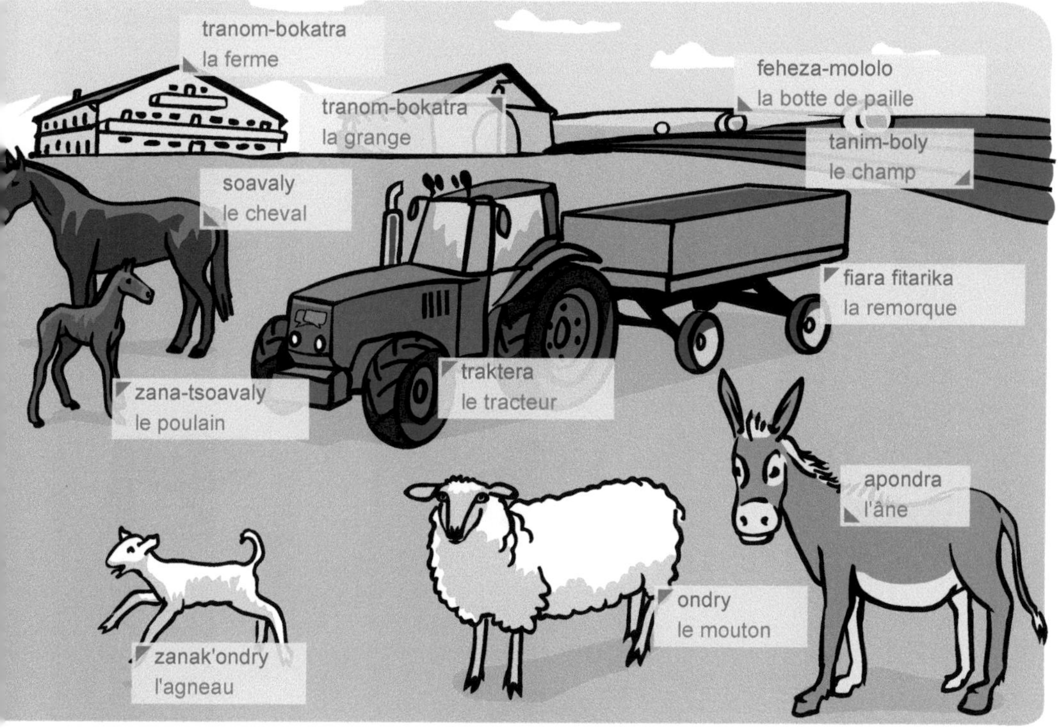

tranom-bokatra
la ferme
feheza-mololo
la botte de paille
tranom-bokatra
la grange
tanim-boly
le champ
soavaly
le cheval
fiara fitarika
la remorque
traktera
le tracteur
zana-tsoavaly
le poulain
apondra
l'âne
ondry
le mouton
zanak'ondry
l'agneau

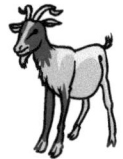

osy
la chèvre

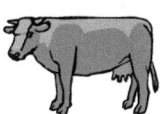

omby vavy
la vache

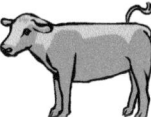

omby
le veau

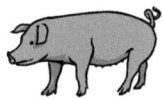

kisoa
le porc

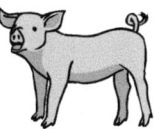

zana-kisoa
le porcelet

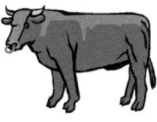

omby
le taureau

gisa

l'oie

gana

le canard

zanak'akoho

le poussin

akoho vavy

la poule

akoho lahy

le coq

voalavo

le rat

saka

le chat

voalavo tondro

la souris

omby

le bœuf

alika

le chien

tranon'alika

le chenil

fantsona fanondrahana rano

le tuyau de jardin

fanondrahana

l'arrosoir

antsy biloka

la faucheuse

angadin'omby

la charrue

antsim-bilona

la faucille

antsetra

la pioche

farango vy

la fourche

famaky

la hache

borety

la brouette

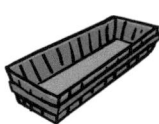

dababe

la cuve

boatin-dronono

le pot à lait

harona

le sac

fefy

la clôture

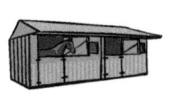

tranom-biby

l'étable

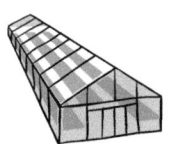

talatalan-jaridaina

le serre

tany

le sol

ambeoka

les semences

zezika

l'engrais

milina mpijinja vokatra

la moissonneuse-batteuse

vokatra

récolter

vokatra

la récolte

saonjo

l'igname

varimbazaha

le blé

saozaha

le soja

ovy

la pomme de terre

katsaka

le maïs

colza

le colza

hazo fihinam-boa

l'arbre fruitier

mangahazo

le manioc

voamadinika

les céréales

trano

la maison

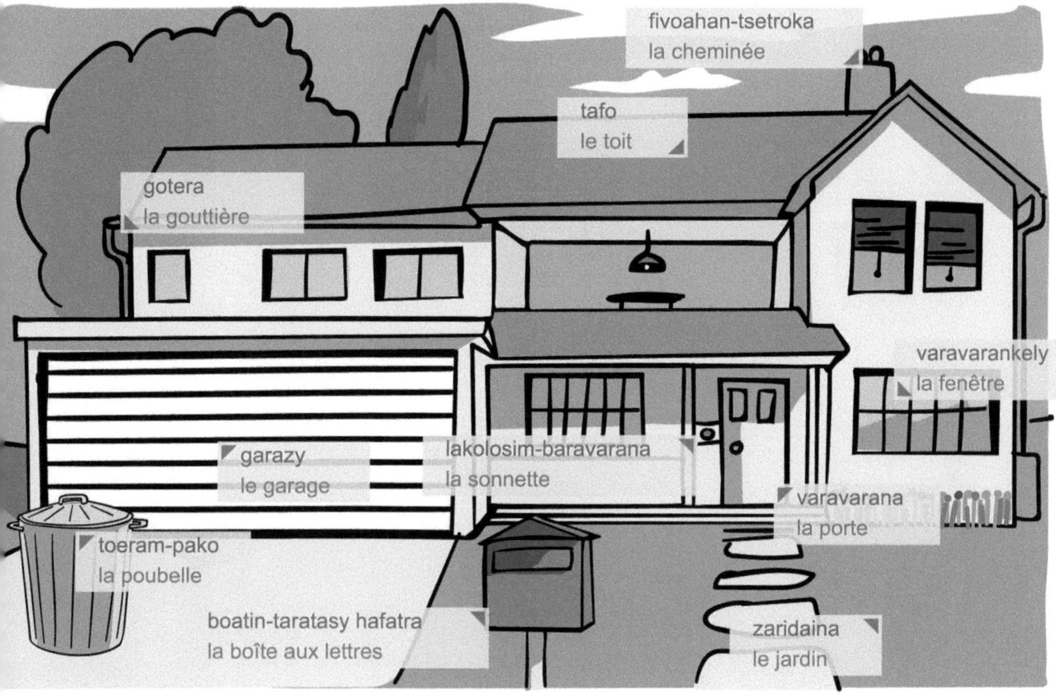
fivoahan-tsetroka
la cheminée
tafo
le toit
gotera
la gouttière
varavarankely
la fenêtre
garazy
le garage
lakolosim-baravarana
la sonnette
varavarana
la porte
toeram-pako
la poubelle
boatin-taratasy hafatra
la boîte aux lettres
zaridaina
le jardin

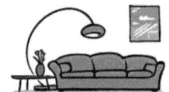

efitra fandraisam-bahiny

le salon

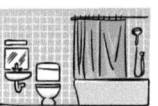

efitra fandroana

la salle de bain

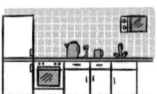

lakozia

la cuisine

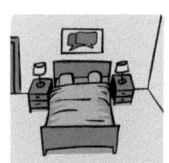

efitra fatoriana

la chambre à coucher

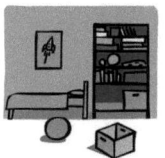

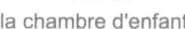

efitranon'ny ankizy

la chambre d'enfant

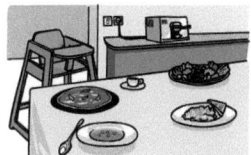

efi-trano fisakafoanana

la salle à manger

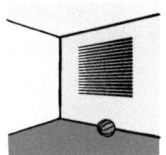

tany

le sol

rindrina

le mur

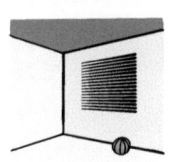

valindrihana

le plafond

lakavy

la cave

sauna

le sauna

tsimahalavo

le balcon

lavarangana

la terrasse

dobo filomanosana

la piscine

mpanapaka bozaka

la tondeuse à gazon

lambam-pandriana

la housse

koety

la couette

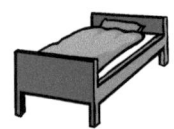

fandriana

le lit

kifafa

le balai

sô

le sceau

interrupteur

l'interrupteur

efitra fandraisam-bahiny
le salon

sary apetaka
le papier peint
sary
l'image
lampy
la lampe
talantalana
l'étagère
lalimoara
l'armoire
fahitalavitra
la télé
anjorinafo
la cheminée
voninkazo
la fleur
lafika
le coussin
sofà
le sofa
vazy
le vase
telekaomandy
la télécommande

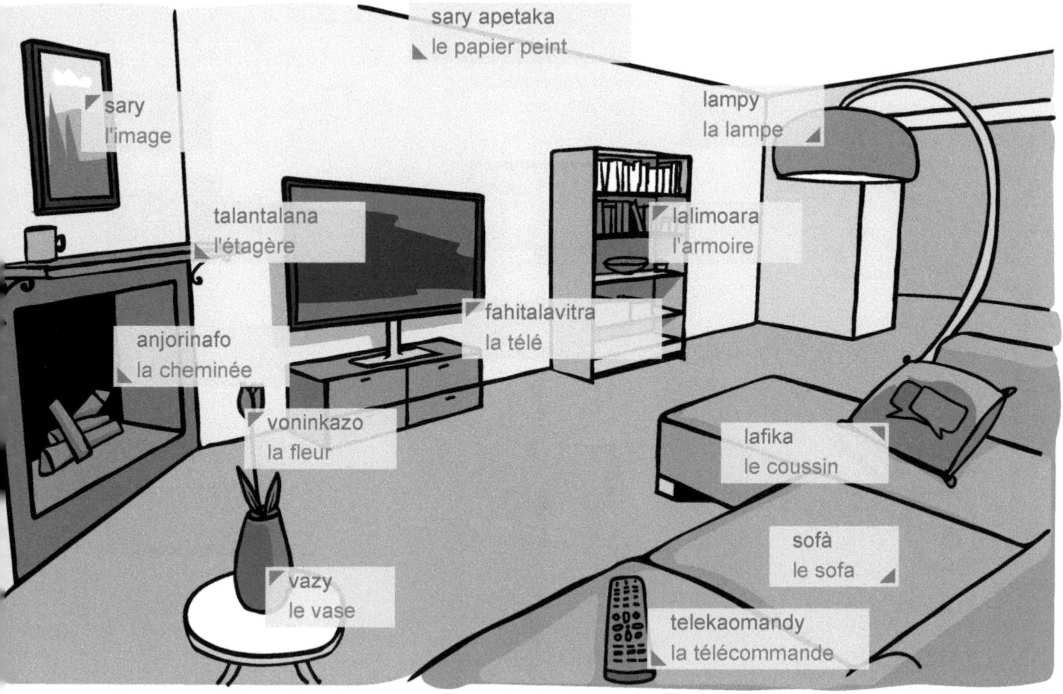

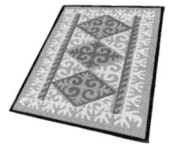

tapis
le tapis

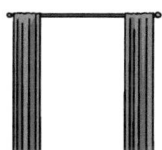

takom-baravarana
le rideau

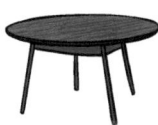

latabatra
la table

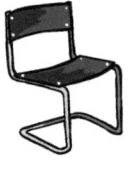

seza
la chaise

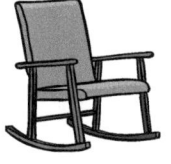

seza savily
la chaise à bascule

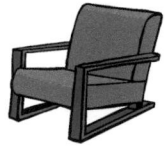

seza mihaja
le fauteuil

boky

le livre

lamba firakotra

la couverture

asa fandravahana

la décoration

hazo fandrehitra

le bois de chauffage

horonantsary

le film

fitaovana hi-fi

la chaîne hi-fi

fanalahidy

la clé

gazety

le journal

loko

la peinture

sary famantarana

le poster

radio

la radio

kahie fanao tadidy

le bloc-notes

aspiratera

l'aspirateur

raketa

le cactus

labozia

la bougie

lakozia
la cuisine

frizidera
le réfrigérateur
fatana micro-onde
le four à micro-ondes
fandanjana sakafo
la balance de cuisine
milina fanendy mofo
le grille-pain
fandiovana
le détergent
lafaoro
le four
talatalana fampangatsiahana
le compartiment congélateur
toeram-pako
la poubelle
fanadiovana vilia
le lave-vaisselle

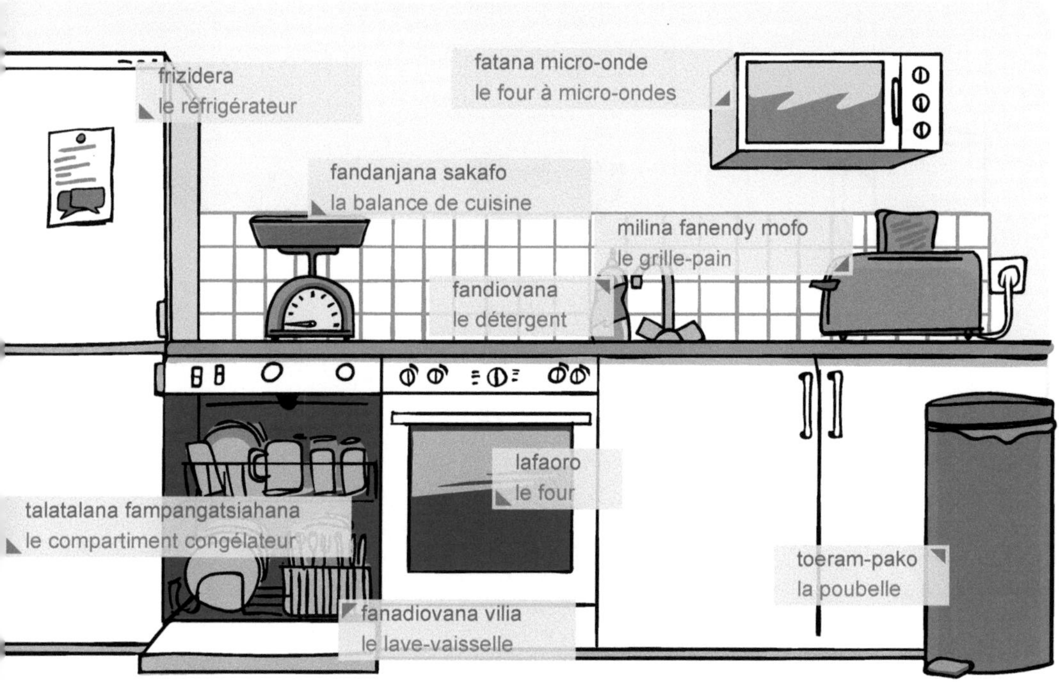

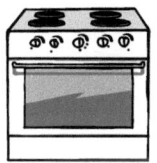

lafaoro

le four

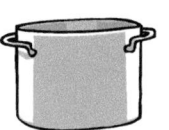

vilany

la casserole

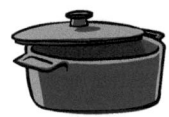

vilany vy

la marmite

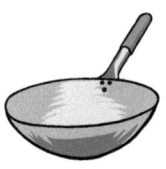

wok / kadai

le wok / kadai

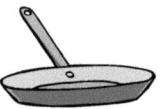

lapoaly

la poêle

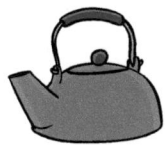

fitaovana fampangotrahana rano

la bouilloire electrique

vilany mandeha entona

le cuiseur vapeur

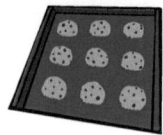

lovia fisaka

la plaque de cuisson

fitaovan-dakozia

la vaisselle

zinga

le gobelet

vilia baolina

la coupe

hazokely fihinanana

les baguettes

sotrobe lavatango

la louche

spatule

la spatule

fanakapohana atody

le fouet

fanatantavanana

la passoire

lovia sivana

le tamis

fanakikisana

la râpe

laona

le mortier

kiendiendy

le barbecue

fivoahan'ny setroka

la cheminée

akalana fitetehana

la planche à découper

kodia fandamàna koba

le rouleau à pâtisserie

fisontonana bosoa

le tire-bouchon

boaty

la boîte

fanokafana boaty

l'ouvre-boîte

fitazomana vilany

les maniques

lavabô

le lavabo

borosy

la brosse

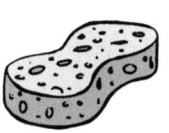

spaonjy

l'éponge

miksera

le mixeur

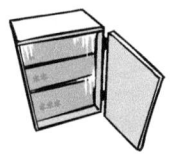

fitaovana fampangatsiahana

le congélateur

tavoahanginono

le biberon

paompy

le robinet

efitra fandroana
la salle de bain

fanafanana
le chauffage
efitra fandroana
la douche
servieta
la serviette
lamba fanakon'efitra fandroana
le rideau de douche
menaka fandroana mandroatra
le bain moussant
koveta fandroana
la baignoire
vera
le verre
milina fanasana lamba
la machine à laver
paompy
le robinet
taila
le carrelage
tavimandry
le pot
lavabô
le lavabo

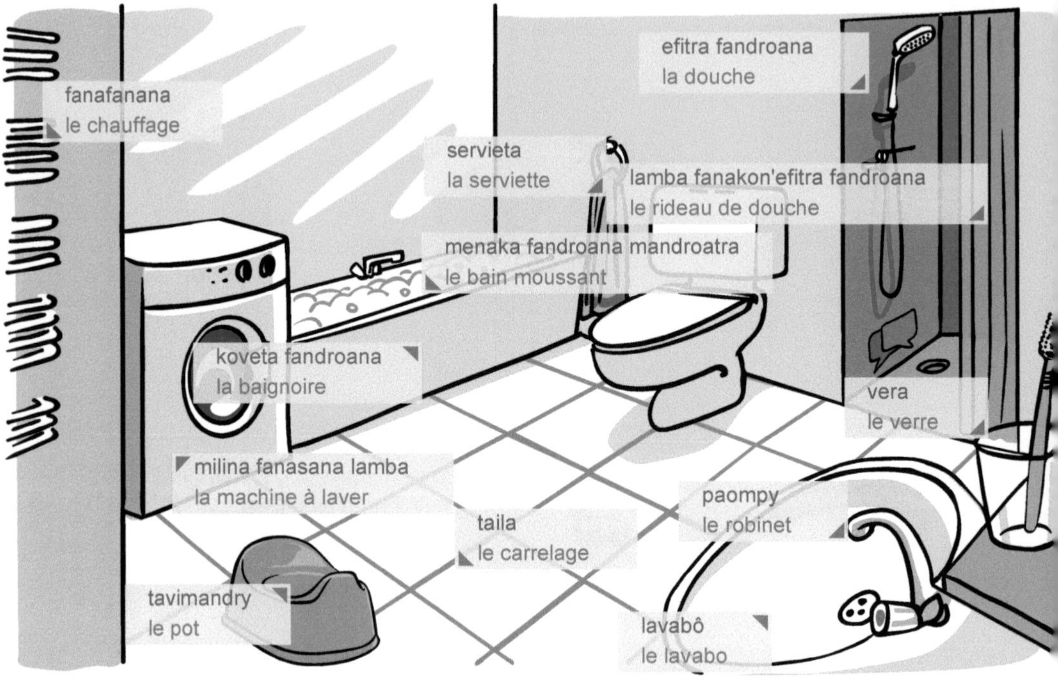

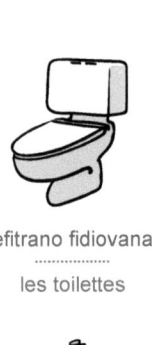

efitrano fidiovana

les toilettes

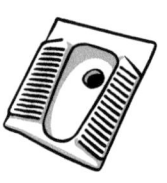

kabone mitsingo

la toilette à la turque

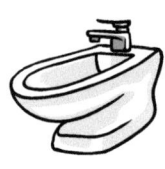

bidet

le bidet

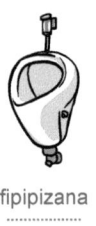

fipipizana

l'urinoir

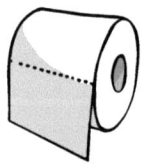

taratasy fidiovana

le papier toilette

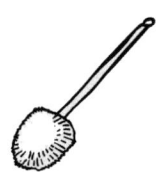

borosy fampiasa an-kabone

la brosse à toilette

borosinify

la brosse à dents

famotsia-nify

le dentifrice

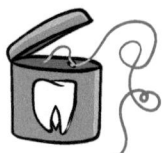

kofehy fanadiova-nify

le fil dentaire

manasa

laver

fisaika enti-tànana

la douche manuelle

fanadiovana fivaviana

la douche intime

kovetabe

la vasque

borosin-damosina

la brosse dorsale

savony

le savon

el fampiasa rehefa misaika

le gel douche

shampoo

le shampooing

fonon-tànana enti-misaika

le gant de toilette

tsiranoka

l'écoulement

crème fanosotra

la crème

fanalana fofona

le déodorant

fitaratra

le miroir

fitaratra fihaingo

le miroir cosmétique

hareza

le rasoir

raotra fiharatra

la mousse à raser

menaka haratra

l'après-rasage

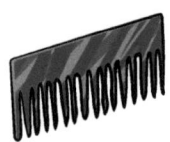

fiogo

la peigne

borosy

la brosse

fitaovana fanamainam-bolo

le sèche-cheveux

atsifotra amin'ny volo

la laque pour cheveux

fikarakarana tarehy

le fond de teint

lokomena

le rouge à lèvres

haingo hoho

le vernis à ongles

vohavohan-dandihazo

l'ouate

fanapahana hoho

le coupe-ongles

ranomanitra

le parfum

fitoerana fitaovana an-kabone

la trousse de toilette

sezabory

le tabouret

fandanjana olona

le pèse-personne

akanjo enti-matory

le peignoir

fonon-tànana enti-manadio

les gants de nettoyage

servieta fanary

le tampon

lamba fampiasa amin'ny fadimbolana

es serviettes hygiéniques

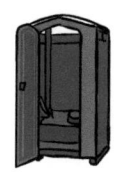

kabone simika

la toilette chimique

efitranon'ny ankizy
la chambre d'enfant

famohamandry
le réveil
saribakoly
le doudou
fiara kilalao
la voiture jouet
korintsana
le hochet
tranon-tsaribakoly
la maison de poupée
fanomezana
le cadeau

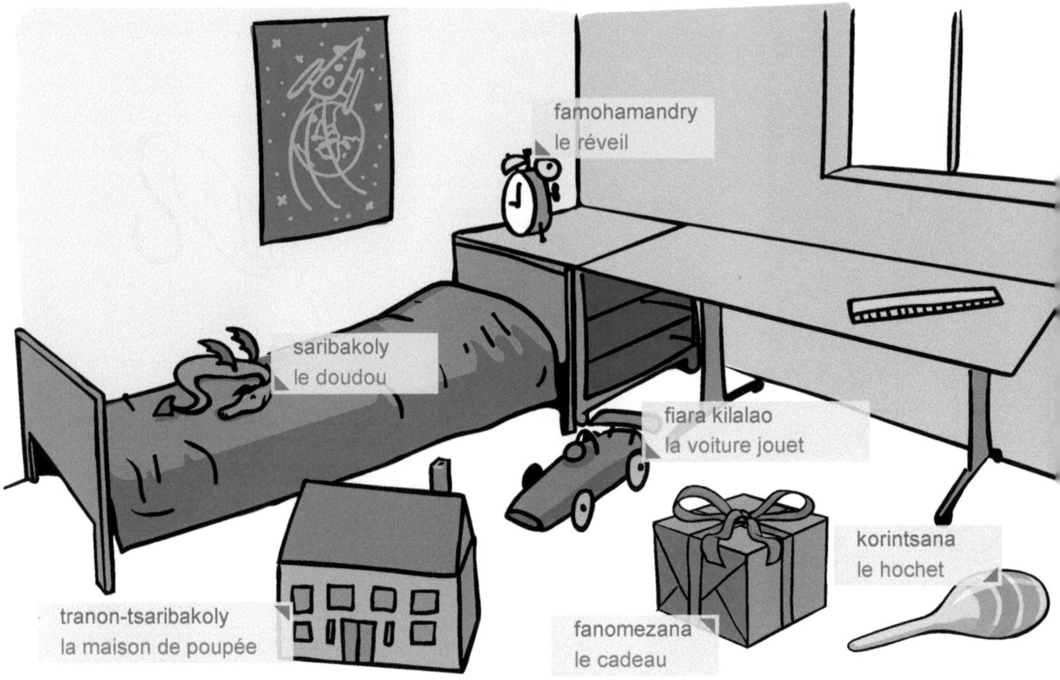

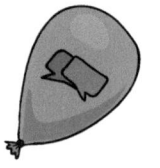

balaonina

le ballon

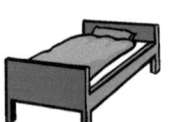

fandriana

le lit

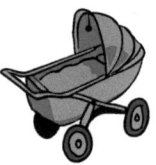

posety

la poussette

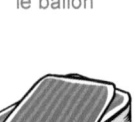

lalao karatra

le jeu de cartes

puzzle

le puzzle

SUPER
MEGA

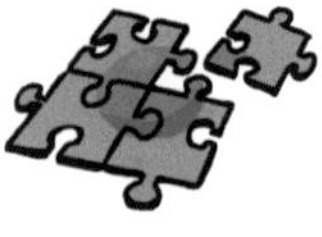

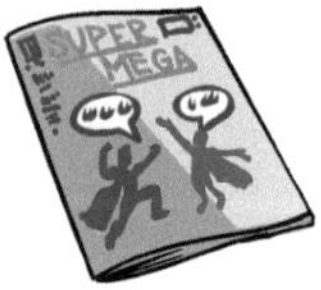

sariitatra

la bande dessinée

lalao legô

les pièces lego

kilalao fananganana trano

les blocs de construction

sarivongana kely

la figurine

grenera

la grenouillère

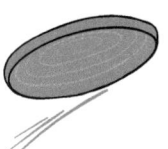

Frisbee

le frisbee

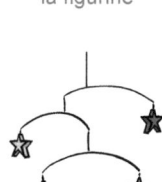

mobile

le mobile

jeu de société

le jeu de société

kodiakely

le dé

lamasinina kely

le train miniature

solonono

la sucette

fety

la fête

boky feno sary

le livre d'images

baolina

la balle

saribakoly

la poupée

milalao

jouer

kovetam-pasika

le bac à sable

savily

la balançoire

kilalao

les jouets

kilalao video

la console de jeu

tricycle

le tricycle

teddy orsa

l'ours en peluche

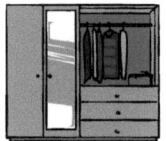

fitoeran'akanjo

l'armoire

akanjo

les vêtements

bà kiraro

les chaussettes

bàn-tongotra

les bas

akanjo manara-batana

le collant

foloara
l'écharpe

elo
le parapluie

t-shirt
le t-shirt

fehin-kibo
la ceinture

baoty
les bottes

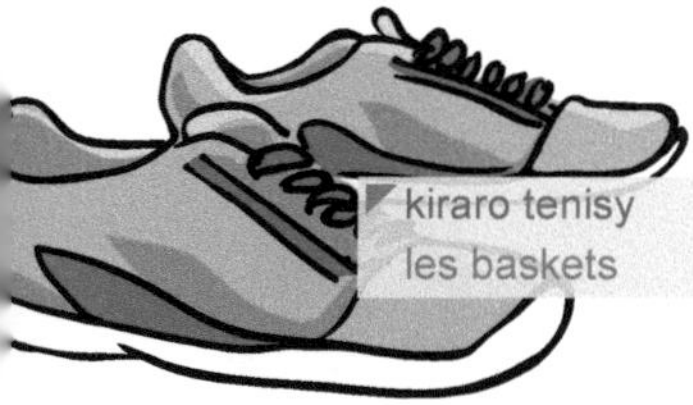

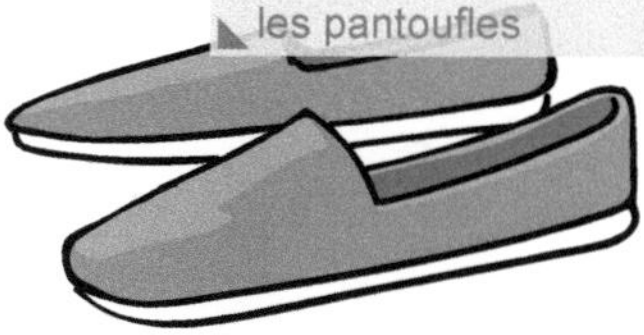

kapa fitondra an-tranc
les pantoufles

kiraro tenisy
les baskets

kapa

les sandales

kiraro

les chaussures

baoty fingotra

les bottes de caoutchouc

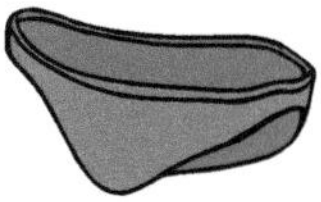

atinakanjo

les sous-vêtements

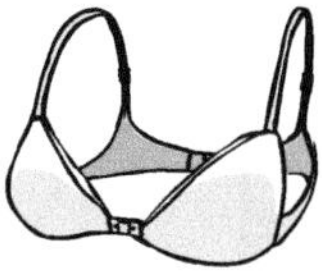

tatinono

le soutien-gorge

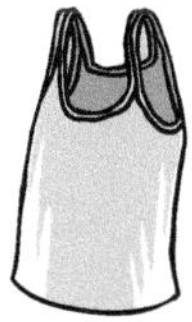

akanjo feno

le maillot de corps

vatana

le body

pataloha

le pantalon

jean

le jean

zipo

la jupe

akanjo ambony

le chemisier

lobaka

la chemise

pull

le pull

akanjo sarotro

le sweat à capuche

palitao

la veste

palitao

la veste

palitao

le manteau

akanjo aro-orana

l'imperméable

akanjo fianjaika

le costume

fitafim-behivavy

la robe

akanjon'ny ampakarina

la robe de mariée

akanjo fianjaika

le costume

akanjo-mandry

la chemise de nuit

pijamà

le pyjama

sari

le sari

sarondoha

le foulard

turban

le turban

burqa

la burqa

kaftan

le caftan

abaya

l'abaya

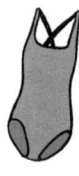

akanjo fitondra milomano

le maillot de bain

akanjo fitondra milomano

le maillot de bain

pataloha fohy

le short

akanjo fitena

la tenue d'entraînement

tablie

le tablier

fonon-tànana

les gants

bokotra

le bouton

solomaso

les lunettes

brasele

le bracelet

rojo

le collier

peratra

la bague

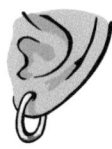

kavina

la boucle d'oreille

satroka

le bonnet

fanantonana palitao

le cintre

satroka

le chapeau

fehivozo

la cravate

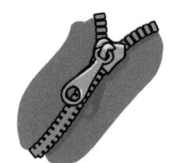

hidikorisa

la fermeture éclair

aroloha

le casque

beritelo

les bretelles

fanamian'ny mpianatra

l'uniforme scolaire

fanamiana

l'uniforme

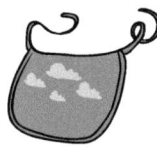

bavoara

le bavoir

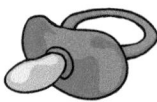

solonono

la sucette

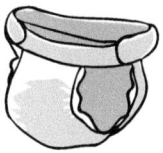

taty

la lange

birao

le bureau

serveur
le serveur
lalimoara fitahirizana
l'armoire d'archivage
mpanao pirinty
l'imprimante
efijoro
l'écran
taratasy
le papier
voalavo tondro
la souris
latabatra
le bureau
klasera
le classeur
klavie
le clavier
seza
la chaise
fanariana fako taratasy
la corbeille à papier
solosaina
l'ordinateur

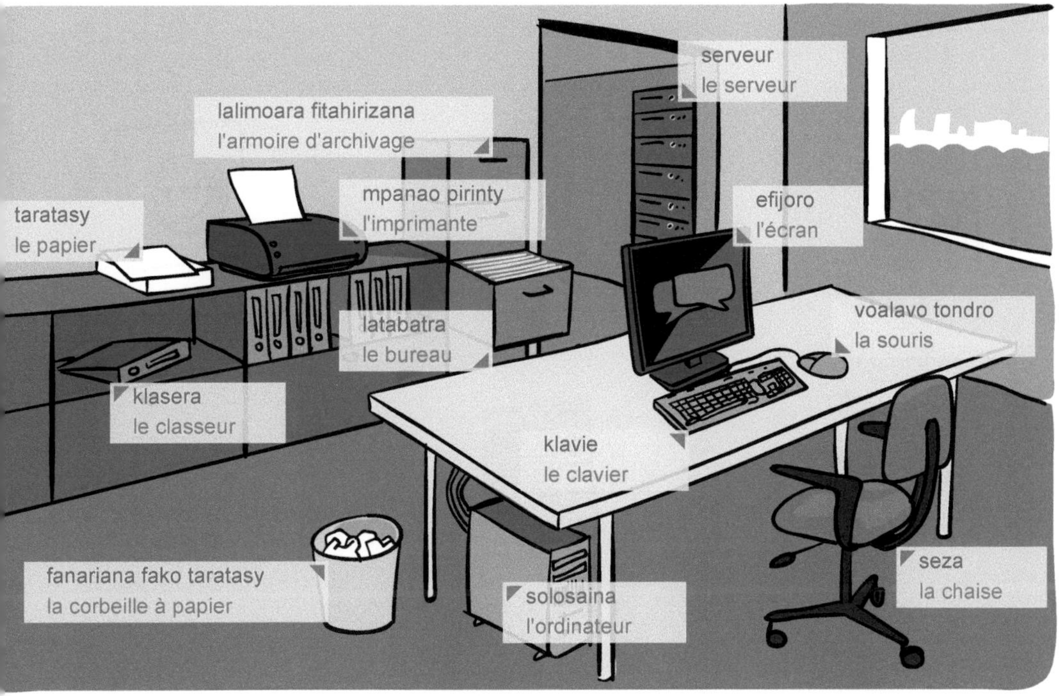

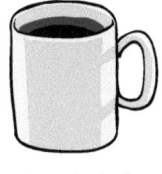

kaopin-kafe

la tasse de café

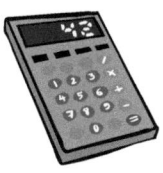

mpikajy

la calculatrice

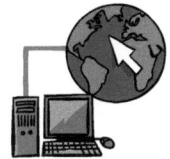

aterineto

l'internet

solosaina maivana

l'ordinateur portable

taratasy

la lettre

hafatra

le message

mobile

le portable

tambajotra

le réseau

imprimante

la photocopieuse

rindrambaiko

le logiciel

finday

le téléphone

prizy

la prise

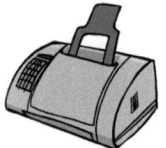

fax

le fax

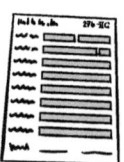

efitra fenoina

le formulaire

fehezan-taratasy

le document

mividy

acheter

mandoa vola

payer

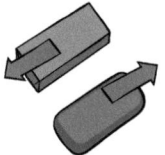

misera

faire du commerce

vola

la monnaie

dôlara

le dollar

euro

l'euro

yen

le yen

rouble

le rouble

Franc suisse

le franc suisse

renminbi yuaŋ

le renminbi yuan

roupie

la roupie

fangalàna vola

le distributeur automatique

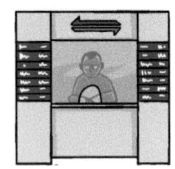

toerana fanakalozana vola

le bureau de change

volamena

l'or

volafotsy

l'argent

solika

le pétrole

angovo

l'énergie

vidiny

le prix

fifanekena

le contrat

hetra

la taxe

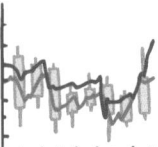

action borsa

l'action

miasa

travailler

mpiasa

l'employé

mpampiasa

l'employeur

orinasa

l'usine

fivarotana

le magasin

les professions

mpitandro filaminana
l'agent de police

mpamonjy voina
le pompier

mahandro
le cuisinier

dokotera
le médecin

mpanamory
le pilote

mpikarakara zaridaina

le jardinier

mpandrafitra

le menuisier

vehivavy mpanjaitra

la couturière

mpitsara

le juge

mpahay simia

le chimiste

mpilalao sarimihetsika

l'acteur

mpamily fiara fitateram-
bahoaka

le conducteur de bus

mpamily fiarakaretsaka

le chauffeur de taxi

mpanjono

le pêcheur

vehivavy mpanadio

la femme de ménage

mpanao tafo

le couvreur

mpandroso sakafo

le serveur

mpihaza

le chasseur

mpandoko

le peintre

mpanao mofo

le boulanger

elektrisianina

l'électricien

mpanao trano

l'ouvrier

injeniera

l'ingénieur

mivaro-kena

le boucher

plombier

le plombier

faktera

le facteur

miaramila

le soldat

mpanao mari-trano

l'architecte

mpandray vola

le caissier

mpivarotra voninkazo

le fleuriste

mpanao volo

le coiffeur

mpizara tapakila

le contrôleur

mpahay mekanika

le mécanicien

kapiteny

le capitaine

mpitsabo nify

le dentiste

siantifika

le scientifique

raby

le rabbin

imam

l'imam

moanina

le moine

pretra

le prêtre

fitaovana

les outils

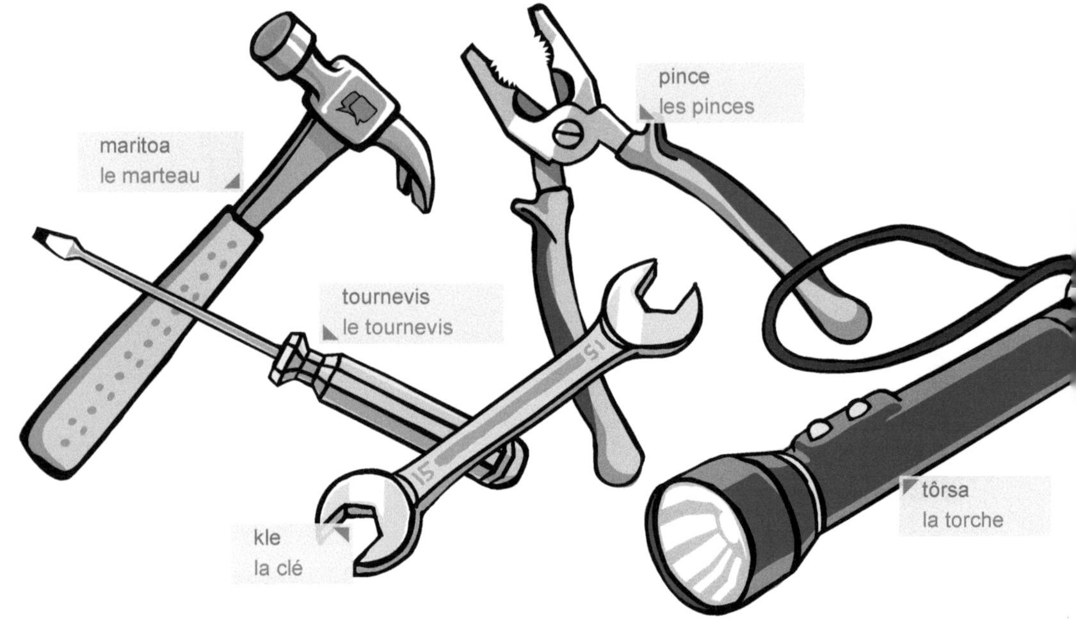

maritoa
le marteau
pince
les pinces
tournevis
le tournevis
kle
la clé
tôrsa
la torche

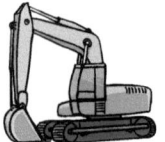

pelleteuse

la pelleteuse

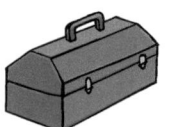

boaty fanisy fitaovana

la boîte à outils

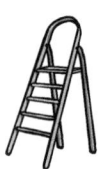

tohatra

l'échelle

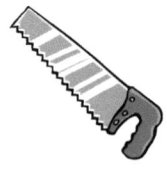

tsofa

la scie

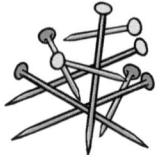

fantsika

les clous

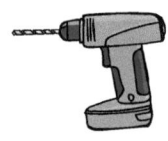

perceuse

la perceuse

manarina

réparer

lapela

la pelle

Kyy!

Mince !

angadim-pako

la pelle

boatin-doko

le pot de peinture

visy

les vis

zava-maneno

les instruments de musique

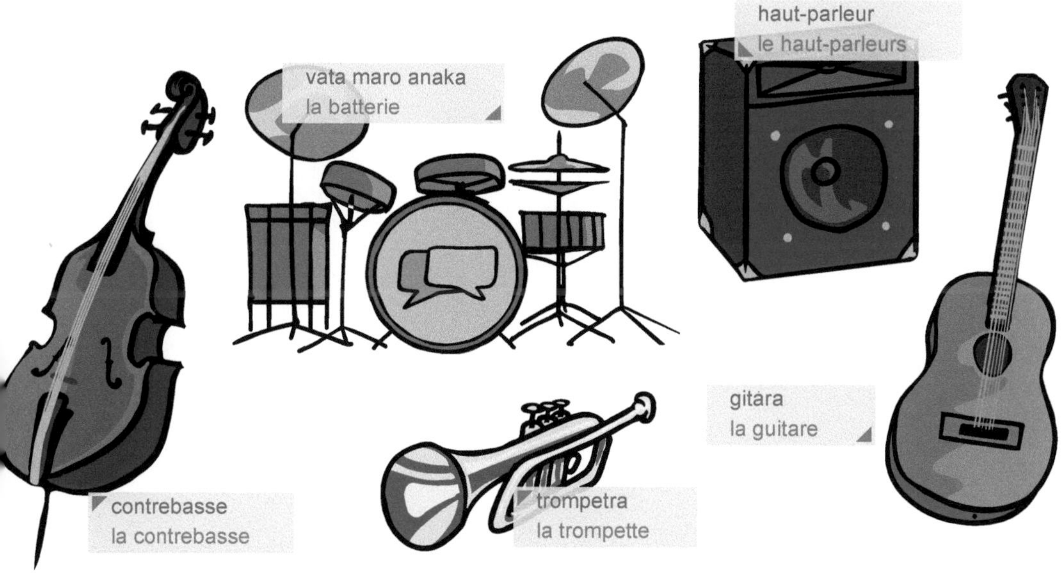

vata maro anaka
la batterie

haut-parleur
le haut-parleurs

gitara
la guitare

contrebasse
la contrebasse

trompetra
la trompette

vata maro afitsoka

le piano

lokanga

le violon

basse

la basse

amponga timpani

les timbales

aponga

le tambour

klavie

le piano électrique

saksa

le saxophone

sodina

la flûte

mikrao

le microphone

valan-javaboary

le zoo

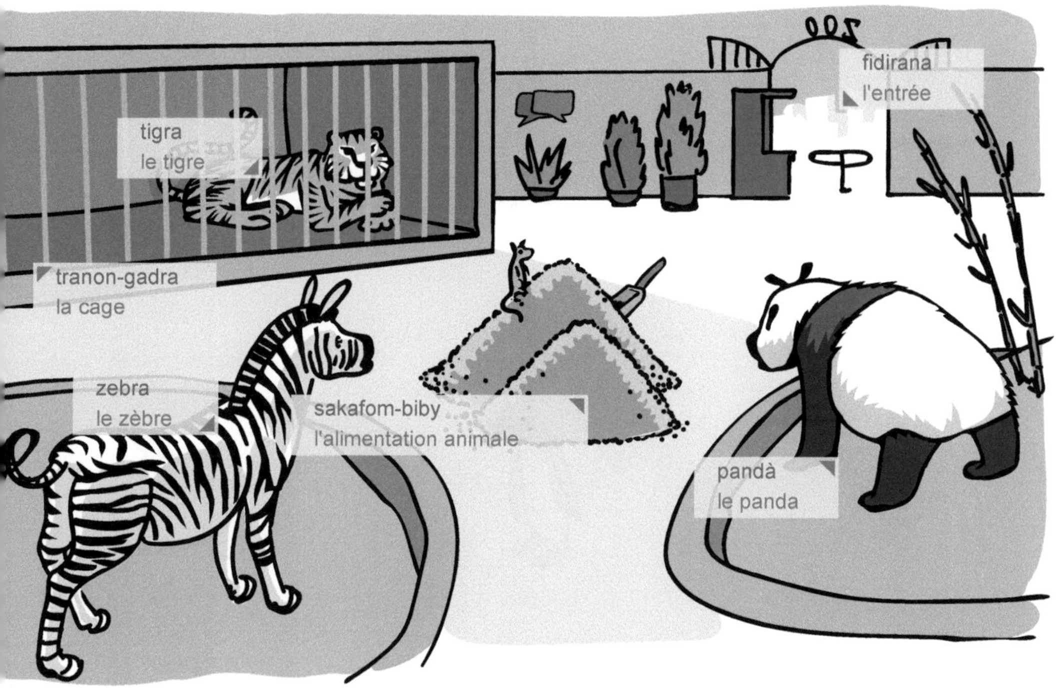

fidirana
l'entrée
tigra
le tigre
tranon-gadra
la cage
zebra
le zèbre
sakafom-biby
l'alimentation animale
pandà
le panda

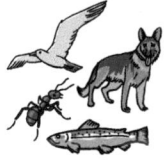

biby

les animaux

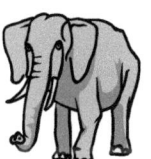

elefanta

l'éléphant

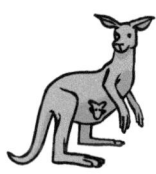

kangoroa

le kangourou

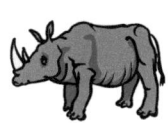

rinôserôsy

le rhinocéros

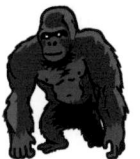

gôrila

le gorille

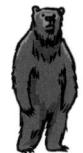

orsa

l'ours

rameva

le chameau

aotrisy

l'autruche

liona

le lion

rajako

le singe

sama

le flamand rose

boloky

le perroquet

orsa polera

l'ours polaire

pengoa

le pingouin

atsantsa

le requin

vorombola

le paon

bibilava

le serpent

voay

le crocodile

mpiandry valan-javaboary

le gardien de zoo

fôko

le phoque

jagoara

le jaguar

poney

le poney

leopara

le léopard

hipôpôtamo

l'hippopotame

zirafa

la girafe

voromahery

l'aigle

lambo

le sanglier

trondro

le poisson

sokatra

la tortue

môrsa

le morse

renard

le renard

gazely

la gazelle

Football amerikana
l'american Football

hazakazaka am-bisikileta
le cyclisme

tennis
le tennis

baskety
le basket-ball

lomano
la natation

boxe
la boxe

hockey an-dranomandry
le hockey sur glace

baolina kitra

le football

badminton

le badminton

atletisma

l'athlétisme

handball

le handball

ski

le ski

polo

le polo

mihomehy
rire

tsambikina
uter

mamihina
embrasser

mandeha
marcher

mihira
chanter

manonofy
rêver

mivavaka
prier

manoroka
faire la bise

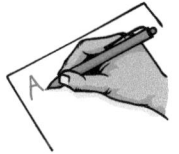

manoratra

écrire

manao sary

dessiner

maneho

montrer

manosika

pousser

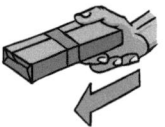

manome

donner

mandray

prendre

manana

avoir

manao

faire

mizovy

être

mijoro

être debout

mihazakazaka

courir

misintona

trier

manary

jeter

lavo

tomber

mandry

être couché

miandry

attendre

mitondra

porter

mipetraka

être assis

miakanjo

s'habiller

matory

dormir

mifoha

se réveiller

mijery

regarder

mitomany

pleurer

fahatapahan'ny lalan-dra

caresser

fiogo

peigner

miresaka

parler

mahay

comprendre

milaza

demander

mihaino

écouter

misotro

boire

mihinana

manger

mandamina

ranger

mitia

aimer

mahandro

cuire

mamily

conduire

lalitra

voler

miandriaka

faire de la voile

mikajy

calculer

mamaky

lire

mianatra

apprendre

miasa

travailler

mivady

se marier

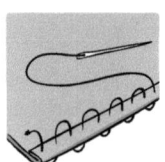

manjaitra

coudre

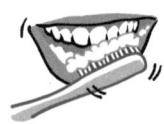

miborosy nify

brosser les dents

mamono

tuer

mifoka

fumer

mandefa

envoyer

nibe
grand-mère

dadabe
le grand-père

ray
le père

reny
la mère

zaza
le bébé

zanaka vavy
la fille

zanaka lahy
le fils

vahiny

l'hôte

nenitoa

la tante

dadatoa

l'oncle

rahalahy

le frère

rahavavy

la sœur

vatana

le corps

handrina
le front
maso
l'œil
soroka
l'épaule
rantsan-tànana
le doigt
tarehy
le visage
saoka
le menton
tànana
la main
ranjo
la jambe
nono
la poitrine
sandry
le bras

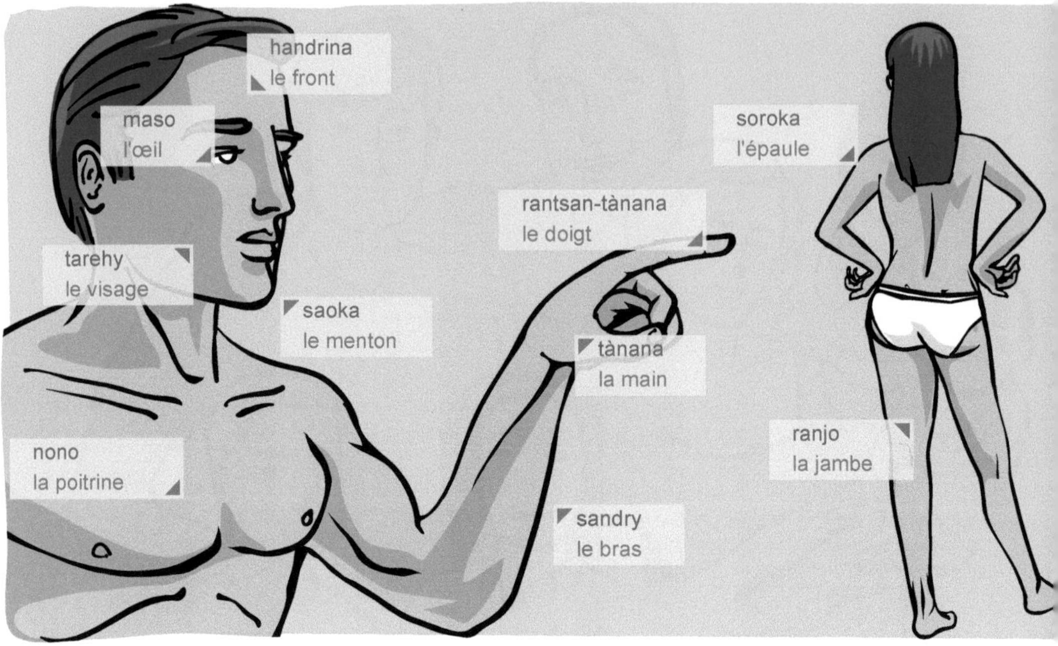

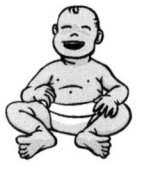

zaza

le bébé

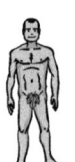

lehilahy

l'homme

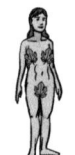

vehivavy

la femme

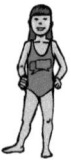

vavy

la fille

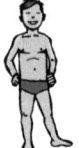

lahy

le garçon

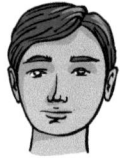

loha

la tête

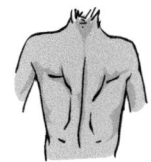

lamosina

le dos

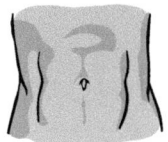

kibo

le ventre

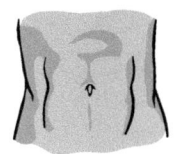

foitra

le nombril

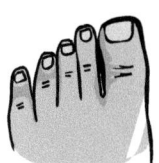

rantsan-tongotra

l'orteil

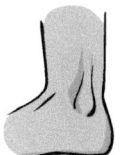

voditongotra

le talon

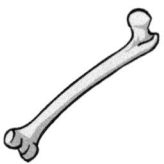

taolana

l'os

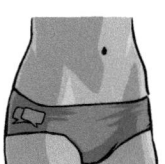

valahana

la hanche

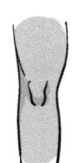

lohalika

le genou

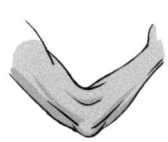

kiho

le coude

orona

le nez

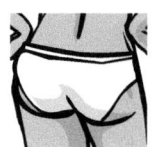

vody

les fesses

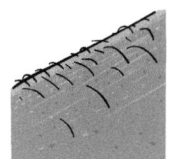

hoditra

la peau

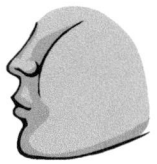

takolaka

la joue

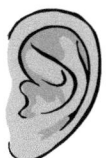

sofina

l'oreille

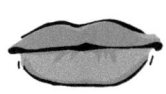

molotra

la lèvre

vava
....
la bouche

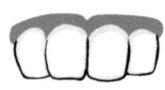

nify
....
la dent

lela
....
la langue

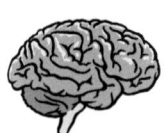

saina
....
le cerveau

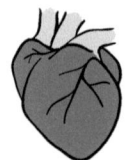

fo
....
le cœur

ozatra
....
le muscle

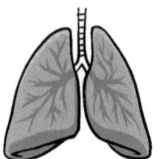

havokavoka
....
les poumons

aty
....
le foie

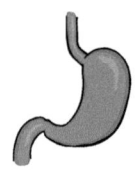

vavony
....
l'estomac

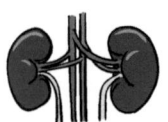

voa
....
les reins

firaisana ara-nofo
....
le rapport sexuel

fimailo
....
le préservatif

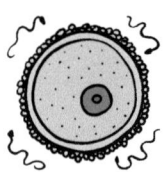

tsirivavy
....
l'ovule

ranonaina
....
le sperme

vohoka
....
la grossesse

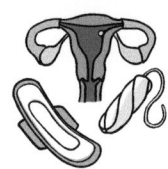

fadimbolana
....
la menstruation

fivaviana
....
le vagin

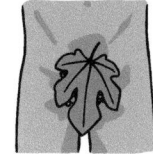

filahiana
....
le pénis

volomaso
....
le sourcil

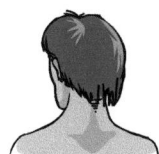

volo
....
les cheveux

tenda
....
le cou

hopitaly
l'hôpital

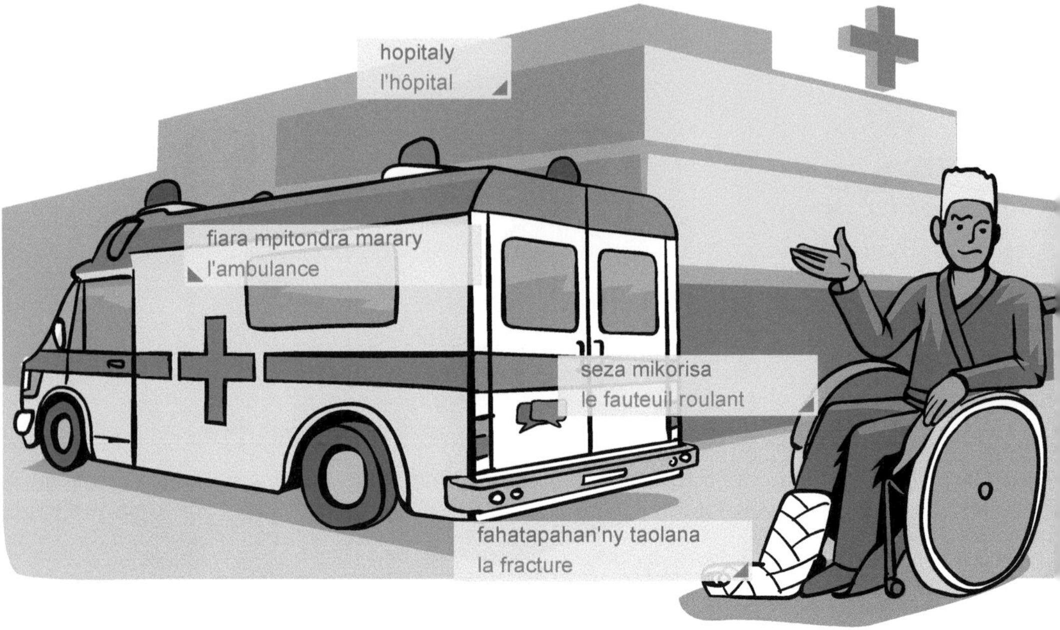

hopitaly
l'hôpital
fiara mpitondra marary
l'ambulance
seza mikorisa
le fauteuil roulant
fahatapahan'ny taolana
la fracture

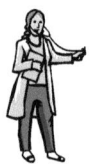

dokotera

le médecin

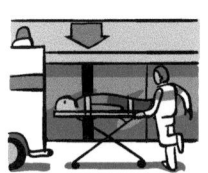

efitra vonjy taitra

le service des urgences

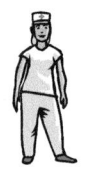

mpitsabo mpanampy

l'infirmière

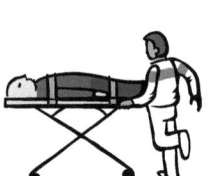

vonjy taitra

l'urgence

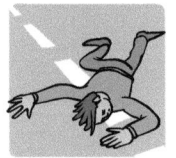

tsy mahatsiaro tena

inconscient

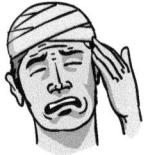

fanaintainana

la douleur

faharatràna
....
la blessure

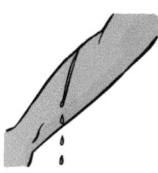

mandeha rà
....
l'hémorragie

aretim-po
....
la crise cardiaque

fahatapahan'ny lalan-dra
....
l'attaque cérébrale

tsy fahazakana sakafo
....
l'allergie

kohaka
....
la toux

tazo
....
la fièvre

gripa
....
la grippe

fivalanana
....
la diarrhée

aretin'an-doha
....
le mal de tête

homamiadana
....
le cancer

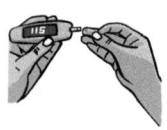

diabeta
....
le diabète

dokotera mpandidy
....
le chirurgien

antsy fandidiana
....
le scalpel

fandidiana
....
l'opération

TC
le CT

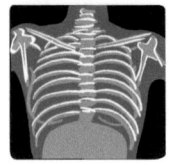

taratra X
la radiographie

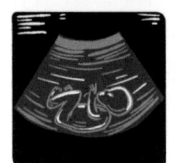

ekôgrafia
l'échographie

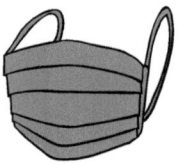

saron-tava
le masque

aretina
la maladie

efitrano fiandrasana
la salle d'attente

tehina
la béquille

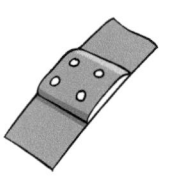

taha fery
le pansement

bandy
le pansement

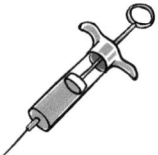

tsindrona
l'injection

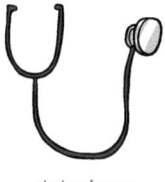

stetoskopy
le stéthoscope

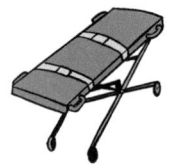

filanjana marary
le brancard

fitaovana fitsapana
hafanana
le thermomètre

fahaterahana
l'accouchement

hatavezana tafahoatra
la surcharge pondérale

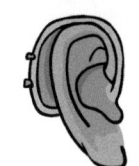

fitaovana fandrenesana

l'appareil auditif

famonoana mikraoba

le désinfectant

fifindràna aretina

l'infection

viriosy

le virus

VIH / SIDA

le VIH / le sida

fitsaboana

le médicament

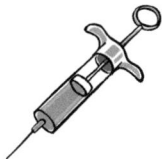

vaksiny

la vaccination

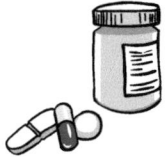

pilina

les comprimés

pilina

la pilule

antso vonjy taitra

l'appel d'urgence

fitaovana fitsapana tosi-drà

le tensiomètre

marary / salama

malade / sain

Vonjeo!

Au secours !

antso fanairana

l'alarme

herisetra

l'assaut

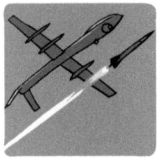

vono

l'attaque

loza

le danger

fivoahana raha misy loza

la sortie de secours

Afo!

Au feu!

fitaovam-pamonoana afo

l'extincteur

loza

l'accident

fitaovam-pitsaboana
vonjimaika

la trousse de premier
secours

SOS

SOS

pôlisy

la police

Eoropa

l'Europe

Amerika avaratra

l'Amérique du Nord

Amerika atsimo

l'Amérique du Sud

Afrika

l'Afrique

Azia

l'Asie

Aostralia

l'Australie

Atlantika

l'Océan atlantique

Pasifika

l'Océan pacifique

Ranomasimbe Indiana

l'Océan indien

Oseana Antarktika

l'Océan antarctique

Oseana Arktika

l'Océan arctique

Tendrotany avaratra

le Pôle nord

Tendrotany atsimo

le Pôle sud

Antarktika

l'Antarctique

tany

la terre

tany

le pays

ranomasina

la mer

nosy

l'île

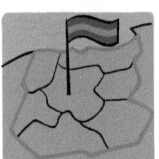

tanindrazana

la nation

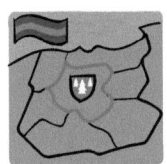

firenena

l'état

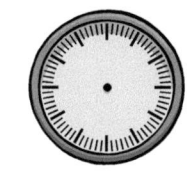

tavam-pamantaranandro

le cadran

tondro ora

l'aiguille des heures

tondro minitra

l'aiguille des minutes

tondro segondra

l'aiguille des secondes

Amin'ny firy izao?

Quelle heure est-il ?

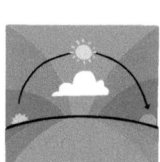

andro

le jour

fotoana

le temps

izao

maintenant

famantaranandro niomerika

la montre digitale

minitra

la minute

ora

l'heure

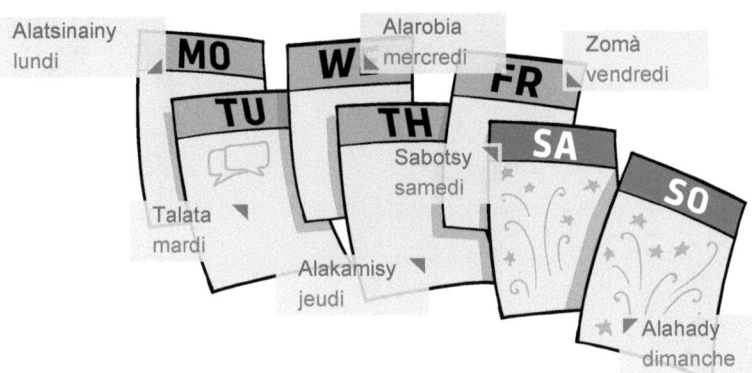

Alatsinainy
lundi

Alarobia
mercredi

Zomà
vendredi

TU

Talata
mardi

Sabotsy
samedi

Alakamisy
jeudi

Alahady
dimanche

omaly

hier

androany

aujourd'hui

ampitso

demain

maraina

le matin

atoandro

le midi

hariva

le soir

MO	TU	WE	TH	FR	SA	SU
1	2	3	4	5	6	7
8	9	10	11	12	13	14
15	16	17	18	19	20	21
22	23	24	25	26	27	28
29	30	31	1	2	3	4

adro fiasàna

les jours ouvrables

MO	TU	WE	TH	FR	SA	SU
1	2	3	4	5	6	7
8	9	10	11	12	13	14
15	16	17	18	19	20	21
22	23	24	25	26	27	28
29	30	31	1	2	3	4

faran'ny herinandro

le week-end

taona
l'année

avana
l'arc-en-ciel
orana
la pluie
ranomandry
la neige
rivotra
le vent
lohataona
le printemps
fararano
l'automne
vanin-taona maina
l'été
ririnina
l'hiver

4.APRIL 11°
5.APRIL 4°
6.APRIL 13°
7.APRIL 8°
8.APRIL 10°

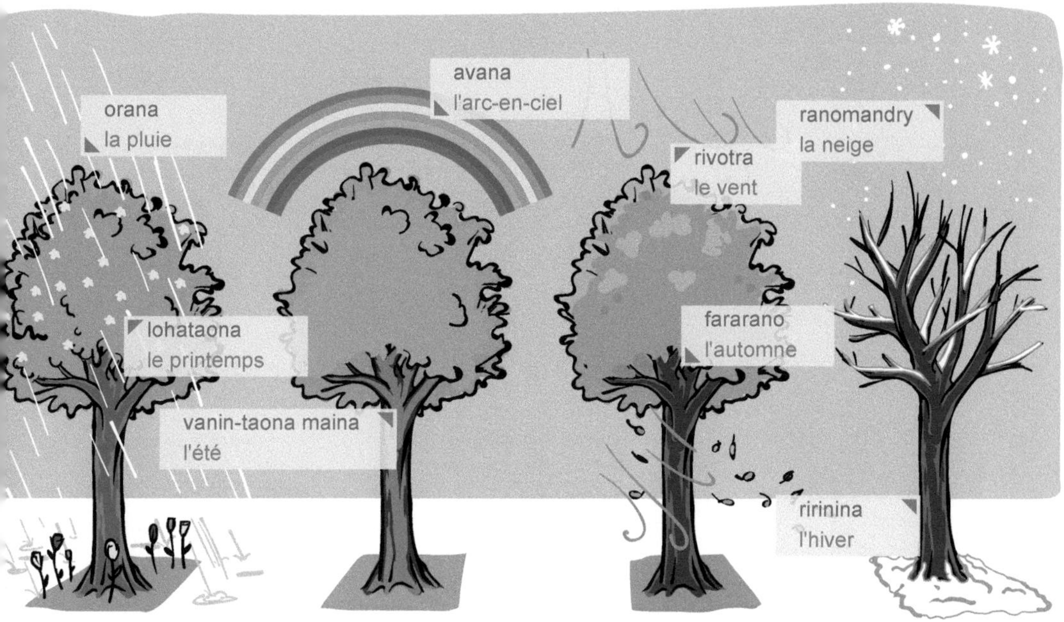

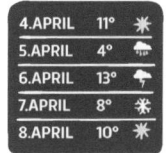

vinavina ara-toetrandro

la météo

F
C
120
90
60
30
0
-30
40
30
20
10
0
-10
-20

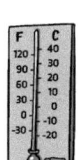

thermomètre

le thermomètre

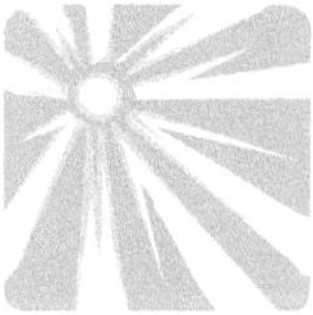

tara-masoandro

la lumière du soleil

rahona

le nuage

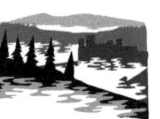

zavona

le brouillard

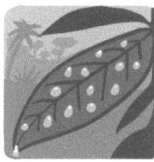

hamandoana

l'humidité

tselatra

la foudre

kotroka

la tonnerre

tafio-drivotra

la tempête

havandra

la grêle

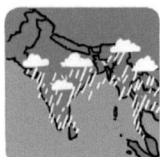

fahavaratra

la mousson

tondra-drano

l'inondation

vaingan-drano

la glace

Janoary

janvier

Febroary

février

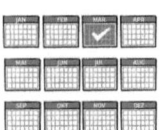

Martsa

mars

Avrila

avril

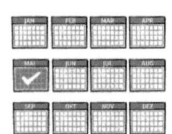

Mey

mai

Jiona

juin

Jolay

juillet

Aogositra

août

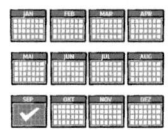

Septambra
....
septembre

Oktobra
....
octobre

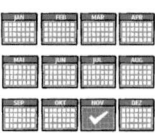

Novambra
....
novembre

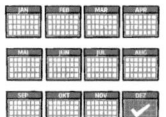

Desambra
....
décembre

endrika
les formes

boribory
....
le cercle

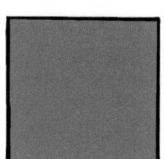

efamira
....
le carré

efajoro
....
le rectangle

telozoro
....
le triangle

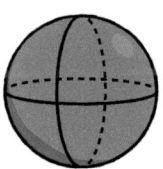

bola
....
la sphère

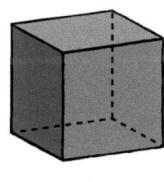

goba
....
le cube

loko

les couleurs

fotsy
....
blanc

mavo
....
jaune

laoranjy
....
orange

mavokely
....
rose

mena
....
rouge

voloparasy
....
violet

manga
....
bleu

maitso
....
vert

volotany
....
marron

volondavenona
....
gris

mainty
....
noir

betsaka / vitsy

beaucoup / peu

tezitra / tony

fâché / calme

tsara / ratsy

joli / laid

fiandohana / fiafarana

le début / la fin

lehibe / kely

grand / petit

mazava / maloka

clair / obscure

rahalahy / rahavavy

frère / soeur

madio / maloto

propre / sale

feno / banga

complet / incomplet

andro / alina

le jour / la nuit

maty / velona

mort / vivant

malalaka / tery

large / étroit

azo hanina / tsy fihinana

comestible / incomestible

tsivalahara / tsara fanahy

méchant / gentil

endratra / sorena

excité / ennuyé

matavy / mahia

gros / mince

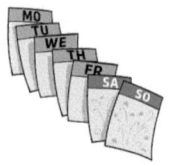

voalohany / farany

le premier / le dernier

mpinamana / mpifahavalo

l'ami / l'ennemi

feno / foana

plein / vide

mafy / malefaka

dur / souple

mavesatra / maivana

lourd / léger

noana / mangetaheta

faim / soif

marary / salama

malade / sain

tsy ara-dalàna / ara-dalàna

illégal / légal

mahay / vendrana

intelligent / stupide

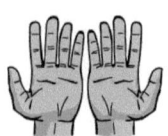

havia / havanana

gauche / droite

akaiky / lavitra

proche / loin

vaovao / tranainy

nouveau / usé

tsy misy / misy

rien / quelque chose

antitra / tanora

vieux / jeune

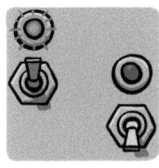

mandeha / maty

marche / arrêt

mivoha / mihidy

ouvert / fermé

mangina / mitabataba

faible / fort

manankarena / mahantra

riche / pauvre

marina / diso

correct / incorrect

marokoroko / malama

rugueux / lisse

malahelo / faly

triste / heureux

fohy / lava

court / long

mora / faingana

lent / rapide

mando / maina

mouillé / sec

mafana / mangatsiaka

chaud / froid

ady / fahalemana

la guerre / la paix

les nombres

0

aotra

zéro

1

iray

un / une

2

roa

deux

3

telo

trois

4

efatra

quatre

5

dimy

cinq

6

enina

six

7

fito

sept

8

valo

huit

9

sivy

neuf

10

folo

dix

11

iraikambinifolo

onze

12

roambinifolo

douze

13

teloambinifolo

treize

14

efatrambinifolo

quatorze

15

dimiambinifolo

quinze

16

eninambinifolo

seize

17

fitoambinifolo

dix-sept

18

valoambinifolo

dix-huit

19

siviambinifolo

dix-neuf

20

roapolo

vingt

100

zato

cent

1.000

arivo

mille

1.000.000

tapitrisa

le million

Anglisy

l'anglais

Anglisy amerikana

l'anglais américain

Fiteny sinoa mandarina

le chinois mandarin

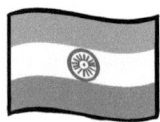

Hindi

le hindi

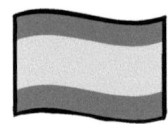

Espaniola

l'espagnol

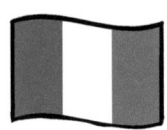

Frantsay

le français

Fiteny arabo

l'arabe

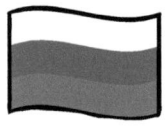

Fiteny rosiana

le russe

Portogey

le portugais

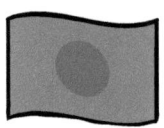

Bengaly

le bengali

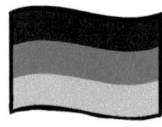

Alemà

l'allemand

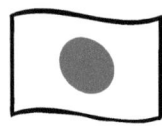

Japoney

le japonais

izaho

je

ianao

tu

izy / io

il / elle / ce, c', cela

isika

nous

ianao

vous

zareo

ils / elles

iza?

Qui ?

inona?

Quoi ?

ahoana?

Comment ?

aiza?

Où ?

oviana?

Quand ?

anarana

le nom

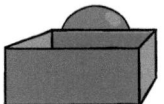

aorina

derrière

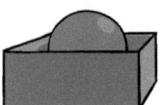

anaty

dans

anoloana

devant

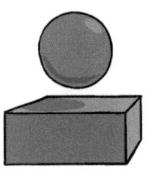

any

au-dessus

ambony

sur

ambany

en-dessous

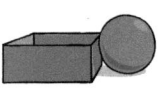

ankila

à côté de

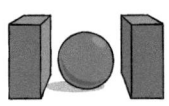

afovoany

entre

toerana

le lieu